中国江河湖泊

本社 编

·北京·

内 容 提 要

我国江河湖泊众多,水系纵横交错,河流如同大地的血脉一样源远流长,而星罗棋布的湖泊则如同镶嵌在大地上的明珠。本书以长江、黄河等主要河流以及十大淡水湖、十大咸水湖等湖泊为重点,通过凝练的文字和优美的画卷,为读者展示我国江河湖泊的风采以及与它们有关的常识、故事。

图书在版编目(CIP)数据

中国江河湖泊 / 中国水利水电出版社编. —— 北京:中国水利水电出版社,2019.2
ISBN 978-7-5170-7478-6

Ⅰ.①中… Ⅱ.①中… Ⅲ.①河流-介绍-中国②湖泊-介绍-中国 Ⅳ.①K928.4

中国版本图书馆CIP数据核字(2019)第031729号

审图号:GS(2019)197号

书　名	中国江河湖泊 ZHONGGUO JIANGHE HUPO
作　者	本社　编
出版发行	中国水利水电出版社 (北京市海淀区玉渊潭南路1号D座 100038) 网址:www.waterpub.com.cn E-mail: sales@waterpub.com.cn 电话:(010) 68367658 (营销中心)
经　售	北京科水图书销售中心 (零售) 电话:(010) 88383994、63202643、68545874 全国各地新华书店和相关出版物销售网点
排　版	中国水利水电出版社装帧出版部
印　刷	北京中科印刷有限公司
规　格	184mm×260mm　16开本　11.5印张　273千字
版　次	2019年2月第1版　2019年2月第1次印刷
印　数	0001—2000 册
定　价	198.00 元

凡购买我社图书,如有缺页、倒页、脱页的,本社营销中心负责调换
版权所有·侵权必究

编 写 组

编写人员：汤鑫华　陈茂山　李中锋
　　　　　李　洁　曲大鹏　李　亮
　　　　　程　锐　胡　邈　刘一檠
　　　　　芦　博　李　格

责任编辑：李　亮　李　康

　　　　　leel@waterpub.com.cn

装帧设计：刘一檠　芦　博

目 录 Contents

第一章 综述

第二章 中国江河   4

  1 黑龙江   6

  2 辽河   10

  3 海河   12

  4 黄河   16

  5 淮河   34

  6 长江   38

  7 东南诸河   58

  8 珠江   64

  9 西南西北外流诸河   78

  10 内流诸河   86

第三章 中国湖泊   96

  1 中国十大淡水湖   100

  2 中国十大咸水湖   124

  3 其他著名湖泊   148

第一章
综　述

中国是河川之国，在幅员辽阔的中华大地上，从北往南，自西向东，散布着众多的大江大河大湖。滔滔江河不仅为中华民族的繁衍生息提供了生命之水，还孕育了五千年灿烂的华夏文明。

中国江河湖泊众多，水系纵横交错，像密集的血管分布在祖国的版图上。流域面积在100平方千米以上的河流有22 909条，流域面积大于1万平方千米的河流有228条。如果把中国流域面积50平方千米以上的天然河流连接起来，总长度达到150.85万千米，可绕地球赤道37.5圈。河流年径流量达27 000亿立方米，仅次于巴西、俄罗斯，居世界第三位。由于地形和气候条件不同，河流以大兴安岭、阴山、贺兰山、祁连山、巴颜喀拉山、念青唐古拉山、冈底斯山一线为界，分为东南部的外流水系和西北部的内流水系（除额尔齐斯河），分别占国土面积的2/3和1/3。

如果说河流像大地的血脉一样源远流长，那么星罗棋布的湖泊就是一颗颗镶嵌在大地上的明珠。中国共有湖泊24 800多个，常

年水面面积在 1 平方千米以上的天然湖泊有 2 865 个。其中属外流区的约占 63%，绝大多数为淡水湖；属内流区的约占 37%，多为咸水湖。在地域分布上，以青藏高原及长江中下游的湖泊最多；就湖水面积而言，青海湖最大，其次为鄱阳湖、洞庭湖、太湖、色林错、纳木错。国际湖泊有中俄界湖兴凯湖、中蒙界湖贝尔湖、中朝界湖长白山天池等。

由于河流众多、径流丰沛、落差巨大，因此蕴藏着丰富的水能资源。中国水能理论蕴藏量和经济可开发装机总量均居世界第一位。截至 2018 年年底，我国水电总装机容量约 3.5 亿千瓦，年发电量约 1.2 万亿千瓦时，均居世界第一；我国大陆地区已建 5 万千瓦及以上大中型水电站约 640 座，总装机容量约 2.7 亿千瓦，已建成小型水电站 4.7 万座，总装机容量约 8043.5 万千瓦。拥有长江三峡水利枢纽、小浪底水利枢纽、葛洲坝水利枢纽等著名水电站。

江河是大地的雕塑师，以神奇的伟力造就了中国绚丽多彩的自然水风光。大江奔涌、碧水潆洄、湖光山色、飞瀑流泉……雄险奇秀的长江三峡、气势磅礴的黄河壶口、水碧山青的漓江春色、玉树琼枝的吉林雾凇等，都是闻名世界的自然胜景。

江河还是中华文明的摇篮。江湖相通和支流汇集的地方，孕育出最早的鱼米之乡和人类居所。人们依水而居，城市因水而兴。中华大地上的众多江河都留下了中华文明的印迹……

中国十大一级流域（区域）分布图

第二章
中国江河

我国河流中河长（不含国外部分）排名前十位的河流依次为长江、黄河、塔里木河、雅鲁藏布江、松花江、澜沧江、怒江、西江、黑龙江（界河河段长度）、雅砻江；我国河流流域面积（不含国外部分）排名前十位的河流依次为长江、黑龙江（国内面积）、黄河、松花江、塔里木河、西江、雅鲁藏布江、辽河、淮河、澜沧江。

按照习惯，我国分为十大一级流域（区域），分别为黑龙江区域、辽河区域、海河区域、黄河流域、淮河区域、长江流域、东南诸河区域（包括浙闽诸河区域和台湾）、珠江区域（包含海南岛）、西南西北外流诸河区域、内流诸河区域。本章按照从北向南、由东至西的顺序，展示上述十大流域（区域）的典型河流。

中国江河湖泊

1 黑龙江

　　黑龙江是我国冰期最长、流域面积（国内部分）位居第二的河流。黑龙江上中游为中俄界河，下游在俄罗斯境内。有南北两源，北源石勒喀河发源于蒙古国境内的肯特山东麓，南源额尔古纳河的源头在克鲁伦河，也发源于蒙古国境内的肯特山东麓，南源与北源在黑龙江省漠河县洛河村附近汇合后始称黑龙江。黑龙江干流全长3 013千米（自南源起算河长5 304千米；自北源起算河长4 846千米），流域面积为208万平方千米。我国境内干流河长1 905米，流域面积88.87万平方千米，黑龙江界河段落差270米。黑龙江在俄罗斯境内尼古拉耶夫斯克附近注入鄂霍茨克海的鞑靼海峡。其中超大的支流有我国的松花江和中俄界河乌苏里江。

漠河县黑龙江第一湾

黑龙江呼玛江段的画山

松花江

松花江是黑龙江的支流，是我国七大江河之一，河长位居我国第五，流域面积位居我国第四。松花江有两源，北源嫩江发源于大兴安岭伊勒呼里山，南源第二松花江发源于长白山天池。两江在吉林省松原市三岔河镇汇流后称松花江，于黑龙江省同江市注入黑龙江。干流全长2 276千米，流域面积55.45万平方千米，落差约820米。流经内蒙古、黑龙江、吉林3省（自治区）12市45县。松花江流域水系支流众多，主要支流有洮儿河、霍林河、讷漠尔河、辉发河、饮马河、牡丹江、呼兰河等，径流总量759亿立方米。

松花江流域内山岭重叠，原始森林遍布，蓄积在大兴安岭、小兴安岭、长白山等山脉上的木材，总计 10 亿立方米，是我国面积最大的森林区。松花江流域拥有闻名遐迩的长白山天池、火山喷发形成的世界第二大高山堰塞湖镜泊湖、特殊火山喷发地貌的五大连池。

松花江哈尔滨段

松花江吉林段

2 辽河

辽河是我国东北地区西南部的最大河流，七大江河之一。辽河干流河长1 383千米，流域面积19.19万平方千米，落差约1 810米，平均年径流量126亿立方米。干流流经河北、内蒙古、吉林、辽宁4省（自治区）7市25县。辽河有两源，东源东辽河发源于吉林省东南部吉林哈达岭西北麓，在辽宁省昌图县福德店与西源汇合；西源西拉木伦河发源于内蒙古克什克腾旗芝瑞镇马架子村的白岔山。辽河流域是我国重要工业基地之一，坐落着沈阳、鞍山、抚顺、本溪等大中工业城市，钢铁、煤炭、石油、机械、化纤等都很发达。辽河三角洲有着占地56平方千米的黑嘴鸥繁殖地。

第二章　中国江河

辽河入海口

辽河盘锦段

3 海河

　　海河是华北地区的最大水系，我国七大江河之一，是华北地区流入渤海诸河的总称。由北运河、永定河、大清河、子牙河、南运河五条河流组成。多数支流发源于太行山，少数发源于燕山，于天津市塘沽注入渤海。干流以漳河的浊漳南源为源，经漳卫河入海，全长806千米。流域范围西起太行山，东临渤海，南界黄河，北倚内蒙古高原南缘，地跨北京、天津、河北、山西、山东、河南、内蒙古和辽宁8省（自治区、直辖市），流域面积31.80万平方千米。海河流域多年平均年水资源量为370亿立方米。海河水系河脉纵横交错，像一把巨大的扇子斜铺在华北大地上。

海河天津段

中国江河湖泊

滦河唐山段

永定河

　　永定河是海河水系北系的最大河流。干流流经山西、内蒙古、河北、北京、天津5个省（自治区、直辖市），在天津滨海新区临港工业区汇入海河，最后流入渤海，干流全长869千米，流域面积47 396平方千米。

永定河北京门头沟区段

永定河峡谷

4 黄河

　　黄河是世界上输沙量最大、含沙量最高的河流，也是我国第二长河。发源于青海省巴颜喀拉山北麓海拔约 4 500 米的约古宗列盆地，横跨青藏高原、内蒙古高原、黄土高原、华北平原，呈"几"字形，流经青海、四川、甘肃、宁夏、内蒙古、山西、陕西、河南、山东 9 个省（自治区），于山东省垦利区注入渤海。干流全长 5 687 千米，流域面积 81.31 万平方千米，落差 4 480 米。

四川省若尔盖县黄河九曲第一湾

第二章　中国江河

青海省黄河源区湿地

鸟瞰黄河

中国江河湖泊

黄河青海省兴海县段

黄河甘肃省景泰县段

第二章 中国江河

　　黄河流域多年平均天然径流量约为580亿立方米，相当于长江的1/17，仅占全国的2%，居我国七大江河的第四位。从河源到内蒙古自治区托克托县河口镇为上游，长3 625千米；从河口镇到河南省桃花峪为中游，长1 280千米；从桃花峪到黄河入海口为下游，长约782千米。黄河支流众多，主要支流有洮河、湟水-大通河、汾河、渭河、泾河、洛河、沁河、大汶河。

中国江河湖泊

黄河宁夏回族自治区中卫市段

陕西省延川县黄河晋陕峡谷乾坤湾

第二章　中国江河

山西省偏关县黄河老牛湾

冬季的黄河

26

第二章 中国江河

黄河山东省济南段

山东省东营市黄河入海口湿地

中国江河湖泊

壶口瀑布

　　壶口瀑布是我国第二大瀑布，也是世界上最大的黄色瀑布。位于山西省吉县和陕西省宜川县之间的黄河峡谷中。万里黄河至此，河床水面由400多米骤然收束到50米，在50米的落差中翻腾倾涌，声势如同从巨大无比的壶中倾出，故名"壶口瀑布"。

夏季的壶口瀑布

第二章 中国江河

冬季的壶口瀑布

中国江河湖泊

渭河宝鸡段

渭河

　　渭河是黄河最大的支流，发源于甘肃省渭源县鸟鼠山，于陕西省潼关县港口镇注入黄河。干流全长830千米，流域面积13.48万平方千米，落差约2 815米。干流流经甘肃、宁夏、陕西3省（自治区）6地区27县（市、区）。

陕西潼关黄河渭河交汇处

泾河

泾河是渭河最大的支流，发源于宁夏回族自治区泾源县境内的老龙潭。干流全长460千米，流域面积4.55万平方千米，落差约2 137米。干流流经宁夏、甘肃、陕西3省（自治区）5市（州）12县。泾河汇入渭河处，一条水清，一条水浑，在其交汇处清浊不混，界线清楚，成语"泾渭分明"由此而来。

泾河陕西省彬县段

5 淮河

淮河是我国七大江河之一，发源于河南省桐柏县桐柏山太白顶西北侧河谷，于江苏省扬州市三江营入长江，干流全长1 018千米，落差约887米。干流流经河南、湖北、安徽、江苏4省12市38县。以废黄河为界，分为淮河和沂沭泗河两大水系，流域面积分别为19万平方千米和8万平方千米。

河南省信阳市固始县三河尖、淮河、史灌河交汇处

第二章 中国江河

淮河航道

中国江河湖泊

淮河江苏段

第二章 中国江河

淮河安徽平圩段

　　淮河干流从淮源镇源头至洪河口为上游，长 371 千米；从洪河口至洪泽湖出口中渡为中游，长 488 千米；从中渡至入江口三江营为下游，长 159 千米。淮河支流众多，洪泽湖以上较大支流有史河、淠河、洪河、颍河、涡河、怀洪新河、濉河等；洪泽湖以下为入江入海诸河，主要有入江水道、淮河入海水道、苏北灌溉总渠和分淮入沂水道。淮河和秦岭一起构成了我国南北方的一条自然气候分界线，以北属暖温带半湿润季风气候区，以南属亚热带湿润季风气候区。

6 长江

　　长江是世界第三、亚洲第一长河，发源于青藏高原唐古拉山脉主峰格拉丹东雪山西南侧，是世界大河中源头海拔最高的河流，干流全长6 296千米，流域面积179.6万平方千米，落差约5 670米。干流流经青海、西藏、四川、云南、重庆、湖北、湖南、江西、安徽、江苏、上海11个省（自治区、直辖市），注入东海。其中湖北宜昌以上为上游，长约4 500千米；湖北宜昌至江西湖口之间为中游，长约914千米；江西湖口以下为下游，长约882千米。

长江水系庞大，支流伸展南北，由 10 741 条流域面积 50 平方千米以上的多级支流组成。流域面积 8 万平方千米以上的支流有雅砻江、岷江—大渡河、嘉陵江、乌江、湘江、沅江、汉江、赣江。长江河湖交织、星罗棋布，组成了一片水乡泽国的景观，主要有洞庭湖水系、鄱阳湖水系、巢湖水系、太湖水系等。

云南省石鼓镇长江第一湾

长江南源当曲河谷

长江北源楚玛尔河

　　长江流域多年平均水资源总量9 960亿立方米，约占全国水资源总量的36.5%。流域水能资源极为丰富，水力资源的理论蕴藏量为2.78亿千瓦，约占全国的40%，建有世界上最大的水利枢纽工程——三峡水利枢纽。长江是我国东西航运大动脉，长江支干流通航里程总计达8万余千米，素有"黄金水道"之称。

长江正源姜古迪如冰川

长江沿岸山川雄伟,风光秀丽。沿浩荡江水一路向东,犹如进入万里画廊,既有冰川雪峰、名山大川、峡谷绝壁,又有溪涧飞瀑、湖光水色、沃野平畴。

中国江河湖泊

长江三峡段

长江上海段

43

中国江河湖泊

雅砻江

　　雅砻江是长江最长的支流，又名若水、打冲江、小金沙江，发源于青海省玉树藏族自治州称多县，于攀枝花市倮果河口汇入金沙江。干流全长1 633千米，流域面积12.81万平方千米，落差约3 880米。干流流经青海省、四川省的4个市（州）17个县，是以藏、汉、彝为主的多民族地区。雅砻江的特点是落差大、水流急，多峡谷礁滩。干流水能资源丰富，全流域理论蕴藏量为3 344万千瓦，是我国能源发展规划的12个水电基地之一。

雅砻江四川甘孜段

雅砻江四川凉山段

岷江—大渡河

　　岷江是长江水量最大的支流，于宜宾汇入长江。大渡河应为岷江正源，发源于青海、四川边境的果洛山，但长久以来习惯将大渡河视为岷江右岸一级支流。自大渡河源头起算，干流河长1 240千米，流域面积13.54万平方千米，落差约4 208米。干流流经青海省、四川省的2个市（州）23个县。岷江上有著名的战国晚期李冰修建的都江堰。

大渡河四川丹巴县段

岷江上的都江堰

嘉陵江

嘉陵江是长江流域面积最大的支流，发源于陕西省凤县秦岭山脉代王山南侧的东峪沟，于重庆朝天门汇入长江。干流全长1 132千米，流域面积15.90万平方千米，落差约1 770米。干流流经甘肃、陕西、四川、重庆4省(直辖市)7个市(州)26个县。有流域面积超过1 000平方千米的一级支流12条，其中西汉水、白龙江、渠江、涪江的流域面积都在1万平方千米以上。嘉陵江上的沥鼻峡、温塘峡和观音峡素有"小三峡"之称。

嘉陵江重庆段

中国江河湖泊

嘉陵江南充段

乌江

乌江是长江上游右岸最大的支流，发源于贵州省威宁县香炉山花鱼洞，于重庆市涪陵区注入长江。干流全长1 018千米，流域面积11.57万平方千米，乌江是典型的山区河流，干流天然落差2 124米。乌江流域横跨贵州、云南、重庆、湖北4省（自治区、直辖市）56个县，支流众多，呈羽状水系分布，主要支流有六冲河、猫跳河、清水江等。乌江水力资源丰富，为全国十大水电基地之一，其干流的装机容量在长江各大支流中居第三位。

第二章　中国江河

乌江遵义段

乌江龚滩古镇

中国江河湖泊

长江西陵峡段

三峡河段

　　长江三峡是瞿塘峡、巫峡、西陵峡三大峡谷的总称，西起重庆市奉节县白帝城，东至湖北省宜昌市南津关，全长约193千米。三大峡谷各具特色，瞿塘峡雄伟险峻，巫峡幽深秀丽，西陵峡滩多水急。世界上最大的水利枢纽工程——三峡水利枢纽坝址即位于西陵峡三斗坪。三峡大坝蓄水以后，西陵峡已经是一片高峡出平湖的平和景象。

长江巫峡段

中国江河湖泊

湘江湖南长沙段

洞庭湖水系

洞庭湖水系位于长江中游南岸，由洞庭湖和入湖的湘江、资江、沅江、澧水4条河流和其他直接入湖的中小河流组成。各河来水经洞庭湖洪道和湖泊调蓄后于湖南省岳阳市城陵矶注入长江。流域面积26.22万平方千米，其中湘江流域面积最大，为94 721平方千米，沅江最长，为1 053千米。

沅江湖南省桃源县段

第二章 中国江河

资江桂林天门山段

澧水湖南张家界段

53

汉江

　　汉江是长江中下游最大的支流，发源于陕西省秦岭南麓，于湖北省武汉市龙王庙注入长江。干流全长 1 528 千米，流域面积 15.11 万平方千米，落差约 2 104 米。干流流经陕西省、湖北省的 9 个市（州）36 个县。流域水系发育，呈叶脉状。中上游的丹江口水库是南水北调中线工程的水源地。

第二章 中国江河

汉江湖北武汉段

汉江陕西汉中段

鄱阳湖水系

赣江江西吉安段

第二章 中国江河

　　以鄱阳湖为汇集中心的辐聚水系，由赣江、抚河、信江、饶河、修水五大水系和环湖直接入湖河流及鄱阳湖组成。各河来水汇聚于鄱阳湖，经调蓄后于江西省湖口县注入长江。控制流域面积16.21万平方千米。鄱阳湖水系流域面积在100平方千米以上的河流有457条。

中国江河湖泊

7 东南诸河

东南诸河包括浙江、福建、台湾区域的河流。我国东南沿海地区密布大量独流入海的河流，长度短、密度大、径流深的河网与小镇、村落形成了独特的江南水乡风景。浙闽诸河流域面积 10 000 平方千米及以上的河流包括钱塘江、新安江、瓯江、闽江、富屯溪—金溪、建溪、九龙江等。

新安江安徽歙县段

台湾全岛共有河流129条，以河流长度和流域面积比较，台湾位列前三位的河流包括：淡水河（淡水溪），干流长159千米，流域面积0.27万平方千米；浊水溪，干流长186千米，流域面积0.32万平方千米；高坪溪，干流长171千米，流域面积0.33万平方千米。

中国江河湖泊

钱塘江

　　钱塘江是浙江省最大的河流,发源于安徽省休宁县龙田乡江田村。干流流经安徽省和浙江省,最后注入东海。干流全长609千米,流域面积5.55万平方千米,落差858米。钱塘江潮被誉为"天下第一潮",是世界一大自然奇观,它是由于天体引力和地球自转的离心作用,加上杭州湾喇叭口的特殊地形所形成的特大涌潮。

钱塘江杭州段

第二章 中国江河

钱塘江大潮

中国江河湖泊

福建建宁县闽江源

闽江

　　闽江是福建省最大、浙闽诸河区域具代表性的河流，发源于与江西省交界的福建省建宁县均口镇台田村。闽江穿过沿海山脉至福州市南台岛分南北两支，至罗星塔复合为一，折向东北，在马尾区琅岐镇云龙村注入东海。干流全长575千米，流域面积6.1万平方千米，落差约660米。干流流经福建省4个市16个县。

浊水溪

第二章 中国江河

浊水溪

浊水溪旧名西螺溪，是台湾最长的河流，因河流泥沙多、溪水四季浑浊而得名，为台湾第二大流域。发源于中央山脉，自东向西流向，在彰化与云林县之间流入台湾海峡。河长186千米，流域面积0.32万平方千米。

浊水溪流经崇山峻岭，水系内生态物种丰富。其上游地区以水电建设为主，较大的水库和堰坝有雾社水库、日月潭水库和集集拦河堰。

8 珠江

　　珠江是我国七大江河之一，是含沙量最小、汛期最长的河流，由西江、北江、东江和珠江三角洲河网组成。干流长2 236千米，总流域面积45.36万平方千米，在我国境内流域面积44.19万平方千米。主干流西江发源于云南省沾益区马雄山东麓，在广东省佛山市三水区与北江相汇后入珠江三角洲河网区，经西江干流入海水道注入南海，地跨云南、贵州、广西、广东、湖南、江西6省（自治区）和越南的东北部。珠江以支流众多、水道纷纭著称，形成"三江汇集，八口出海"的独特水系特征。

珠江夜景

中国江河湖泊

珠江广州段

　　珠江流域年平均径流总量为3 360亿立方米，仅次于长江，居全国第二位。珠江流域各支流水量充沛，水力资源丰富，理论蕴藏量为3 348万千瓦，可开发的有2 512万千瓦。珠江水运居全国第二位，长年通航里程15 146千米，约占全国内河航运里程的1/8。

第二章 中国江河

中国江河湖泊

广西桂林漓江山水

第二章　中国江河

中国江河湖泊

西江上游红水河

西江

西江是珠江最长的河流,发源于云南省曲靖市沾益县炎方乡磨脚村的马雄山东麓。自源头流经云南东部、贵州西南部、广西大部和广东西部,至广东肇庆高要市金利镇爱群村进入珠江三角洲河网区,干流全长2 087千米。流域面积340 784平方千米(不含境外部分面积)。

西江干流不同河段有不同名称,从河源至望谟县蔗香双江口称南盘江;在黔、桂两省(自治区)边境接纳北盘江后称红水河;向东南流到象州石龙附近接纳北岸柳江后称黔江;在桂平接纳西南来的郁江后称浔江;到梧州接纳西北来的桂江后始称西江。从河源到三江口为上游,包括南盘江和红水河两段;从三江口到梧州市为中游,包括黔江段和浔江段;梧州至思贤滘为下游。

中国江河湖泊

韩江

韩江潮州段

第二章 中国江河

韩江是我国东南沿海的重要河流,发源于广东省紫金县南岭镇东溪村。广东省河源市紫金县七星岽至广东省梅州市五华县水寨镇称琴江,水寨镇至广东省梅州市大埔县三河镇称梅江,在广东省潮州湘桥区太平街道进入韩江水网区域。干流全长409千米,流域面积2.92万平方千米,落差约950米。干流流经广东省4个市9个县。

中国江河湖泊

黄果树瀑布

　　黄果树瀑布位于贵州省安顺市镇宁布依族苗族自治县，高 77.8 米，宽 101 米，是我国最大的瀑布。以黄果树瀑布为核心，在它的上游和下游 20 千米的河段上，形成了雄、奇、险、秀等 18 个风格各异的瀑布。

黄果树瀑布——七星滩

黄果树瀑布

南渡江

　　南渡江位于海南岛，是我国最长的岛上河流。发源于海南省白沙县南峰山，流经海南岛中北部，最后在海口市注入琼州海峡。干流全长335千米，流域面积7 064平方千米，落差约1 028米。南渡江水源丰富、流量大，流域气候有明显的干湿两季，且多暴雨，河流流量和水位常出现暴涨暴落。

第二章　中国江河

南渡江

9 西南西北外流诸河

直接或间接流入海洋的河流叫外流河。西南西北外流诸河主要分布在云南、西藏、青海地区以及新疆北部部分地区。

我国河流中河长（不含国外部分）排名前10位的河流中，仅西南西北外流诸河便占据了3条，分别是雅鲁藏布江、澜沧江和怒江。

西南西北外流诸河主要水系包括：元江－红河水系、澜沧江－湄公河水系、怒江－萨尔温江水系、独龙江－伊洛瓦底江水系、雅鲁藏布江－恒河水系、狮泉河－象泉河水系等。

云南省怒江傈僳族自治州的独龙江

怒江第一湾

怒江

　　怒江是我国可开发容量居第二位的河流,发源于西藏唐古拉山南麓安多县境内,流经西藏、云南,在潞西县出境入缅甸后称萨尔温江。怒江－萨尔温江干流全长 3 431 千米,流域面积 25.4 万平方千米,在我国境内河长 2 091 千米,流域面积 13.70 万平方千米,天然落差 4 840 千米。我国境内年均径流量约 709 亿立方米。流域水力资源理论蕴藏量 4 474.2 万千瓦,技术可开发的装机容量 3 221 万千瓦。流域植被丰富,有"世界物种基因库"之称。位于云南省怒江傈僳族自治州境内的怒江大峡谷是世界第三大峡谷。

中国江河湖泊

澜沧江

澜沧江是我国最大、流经国家最多的跨界河流。发源于青海省唐古拉山北麓玉树杂多县境内，流经青海、西藏、云南3省（自治区），于云南省勐腊县出境，成为缅甸和老挝的界河，境外称湄公河。

澜沧江-湄公河干流全长5 231千米，我国境内河长2 194千米，流域面积77.59万平方千米，我国境内面积16.48万平方千米，落差约4 780米。

澜沧江西藏芒康县段

第二章　中国江河

澜沧江大峡谷

中国江河湖泊

雅鲁藏布江

雅鲁藏布江源头杰马央宗冰川

雅鲁藏布江是世界上海拔最高的大河，西藏最大的河流。发源于西藏西南部喜马拉雅山北麓的杰马央宗冰川，干流全长 3 659 千米，流域面积 51.79 万平方千米，我国境内河长 2 296 千米，流域面积 34.60 万平方千米，总落差 5 435 米，年径流量 1 654 亿立方米。河流由西向东横贯西藏南部，从西藏墨脱县巴昔卡附近流入印度。雅鲁藏布江全流域水能蕴藏量高达 11 348 万千瓦，干流的水能蕴藏量为 7 912 万千瓦，在我国仅次于长江。雅鲁藏布江大拐弯处的雅鲁藏布大峡谷是世界第一大峡谷。

雅鲁藏布江漂流

第二章 中国江河

雅鲁藏布江贡嘎段

额尔齐斯河

　　额尔齐斯河发源于我国新疆维吾尔自治区富蕴县阿尔泰山南坡，东南向西北奔流出中国，一路上将喀拉额尔齐斯河、克兰河、布尔津河、哈巴河、别列则克河等北岸支流汇入后，流入哈萨克斯坦境内斋桑湖，再向北经俄罗斯的鄂毕河注入北冰洋。全长4 248千米，在我国境内546千米，流域面积5.7万平方千米，年径流量多达111亿立方米，水量仅次于伊犁河，居我国新疆第二位，号称新疆第二大河。

新疆额尔齐斯河五彩滩

第二章　中国江河

新疆额尔齐斯河

10 内流诸河

　　内流河即内陆河,是指不流入海洋而注入内陆湖或消失在沙漠里的河流。我国内流诸河主要分布在新疆、甘肃、内蒙古、青海、西藏地区,所经地区广布戈壁、荒漠、草原,具有数量多、长度长、密度小的特点,拥有苍茫辽阔的独特风景。内流诸河主要水系包括:内蒙古东部高原内流水系、河西走廊–阿拉善内流水系、柴达木内流水系、准噶尔内流水系、塔里木内流水系、羌塘高原内流水系、伊犁河–额敏河内流水系等。

第二章　中国江河

内蒙古巴丹吉林沙漠内陆湖

塔里木河

塔里木河流域的胡杨林

第二章 中国江河

　　塔里木河是我国最长的内陆河流，位于塔克拉玛干沙漠北缘，由和田河、叶尔羌河、阿克苏河等多条源流汇集而成。河流沿塔克拉玛干盆地沙漠北缘，穿越盆地东部，最后注入台特玛湖，追溯叶尔羌河为源头干流。全长2 727千米，流域面积39.73万平方千米，落差约5 810米，年径流量205亿立方米。

黑河源区湿地

黑河

　　黑河是我国第二大内陆河,也是流经省区最多的内陆河,是河西走廊三大内陆河之一。发源于青海省祁连山腹地,由东西两条支流汇合而成。黑河流经青海、甘肃、内蒙古3省(自治区),在内蒙古阿拉善盟额济纳旗境内分东、西两支,分别流入东、西居延海,干流全长883千米,流域面积8.08万平方千米,落差约4 440米,多年平均年径流量36.7亿立方米。

第二章　中国江河

黑河青海段

伊犁河

伊犁河是亚洲中部内陆河,是跨越中国和哈萨克斯坦的国际河流。主源特克斯河发源于天山汗腾格里峰北侧,向东流经我国新疆的昭苏盆地和特克斯谷地,又向北穿越伊什格力克山,与右岸支流巩乃斯河汇合后称伊犁河;向西流至霍尔果斯河进入哈萨克斯坦境内,流经峡谷、沙漠地区,注入中亚的巴尔喀什湖。从河源至入湖口,全长1 236千米,流域面积15.1万平方千米,其中我国境内河长442千米,流域面积5.6万平方千米。

伊犁河

第二章 中国江河

伊犁河上游特克斯河

扎加藏布

扎加藏布是西藏最大的内流河，是流域面积在1万平方千米以上的海拔最高的内陆河。发源于唐古拉山岗盖拉西南的现代冰川末端，最后注入色林错。平均海拔5 000米以上，干流全长423千米，总落差705米，流域面积1.62万平方千米。扎加藏布地处高山草原地带，气候寒冷干旱，年降水量少，湖泊星罗棋布，盐湖资源、野生动植物资源丰富。

扎加藏布

第二章 中国江河

第三章
中国湖泊

我国湖泊众多，有近 2.5 万个，全国常年水面面积排名前十的湖泊为青海湖、鄱阳湖、洞庭湖、太湖、色林错、纳木错、呼伦湖、洪泽湖、兴凯湖、南四湖。本章按照湖泊常年水面面积由大到小的顺序，展示十大淡水湖和十大咸水湖，并在最后介绍其他著名的湖泊。

西藏玛旁雍措

1 中国十大淡水湖

按湖泊的咸淡水属性（淡水、咸水和盐湖）分类，全国常年水面面积在1平方千米及以上的湖泊中，淡水湖占湖泊总数的55.6%（不含160个未确定湖泊）。按水面面积排序，我国十大淡水湖分布见下页。十大淡水湖中，有四个位于长江流域。

青海冬给措纳湖湿地

1. 鄱阳湖
2. 洞庭湖
3. 太湖
4. 洪泽湖
5. 兴凯湖

（兴凯湖含国外部分的总面积为4138平方千米）

6. 南四湖
7. 博斯腾湖
8. 阿牙克库木湖
9. 巢湖
10. 鄂陵湖

中国江河湖泊

鄱阳湖

　　鄱阳湖是我国最大的淡水湖，位于长江中下游右岸，江西省北部，水面面积 2 978 平方千米（2004 年 9 月 17 日对应于黄海高程 14.68 米水位时的资源卫星影像提取面积），容积 328.7 亿立方米。鄱阳湖年平均出湖水量为 1 460 亿立方米，约占长江年平均水量的 15%，水量十分丰富。鄱阳湖是吞吐型、季节性淡水湖泊，形成"洪水一片，枯水一线"的景观。该湖是白鹤等珍稀水鸟的重要栖息地，是世界上最大的鸟类保护区。

鄱阳湖湿地

第三章　中国湖泊

鄱阳湖

洞庭湖

　　洞庭湖是我国第二大淡水湖，位于长江荆江河段以南，湖南省北部，水面面积 2 579 平方千米（2007 年 8 月 7 日资源卫星影像提取面积），容积 206.37 亿立方米，湖区面积约为 30 900 平方千米。由东洞庭湖、西洞庭湖、南洞庭湖和大通湖四个较大的湖泊组成。

第三章 中国湖泊

洞庭湖

太湖

　　太湖是我国第三大淡水湖，位于浙江和江苏两省交界处，水面面积 2 341 平方千米，容积 83.8 亿立方米。流域面积 37 069 平方千米，流域水系有系状和网状两种，上游为太湖来水区域，大部分为系状；下游是太湖出水区域，为网状。河网覆盖面积达 22 000 平方千米，占太湖流域陆域面积的 60%，这是太湖水系最大的特点。

第三章 中国湖泊

太湖

109

中国江河湖泊

洪泽湖

洪泽湖是我国第四大淡水湖，地处苏北平原中西部，是淮河流域最大的湖泊型水库。水面面积1 525平方千米，容积111.2亿立方米。主要由盱眙县至洪泽县淮河河段及其北岸的溧河洼、安河洼、成子湖三大湖湾组成。湖水平时高出堤东里下河地区4～6米，洪泽湖也被称为"悬湖"。

洪泽湖

第三章 中国湖泊

洪泽湖淮安段

兴凯湖

兴凯湖是我国第五大淡水湖，中俄界湖，东北最大的湖泊，位于黑龙江省密山市。兴凯湖南北长89.3千米，东西宽70.7千米，湖面海拔69米，平均水深6.3米，总水面面积4 138平方千米，我国境内水面面积1 068平方千米，总储水量约240亿～260亿立方米。兴凯湖盛产我国四大淡水湖鱼之一的翘嘴鲌（大白鱼）。

第三章 中国湖泊

兴凯湖

兴凯湖日落

南四湖

南四湖——微山湖

第三章 中国湖泊

南四湖——独山湖

　　南四湖是我国第六大淡水湖,也是我国最大的河成湖,华北第一大湖。由南阳、独山、昭阳、微山四个相连的湖组成,位于山东、江苏两省之间。水面面积1 003平方千米,容积57.1亿立方米。该湖属浅水富营养型湖泊,是山东省最重要的淡水渔业基地,是鲁西南的鱼米之乡。

博斯腾湖

博斯腾湖是我国第七大淡水湖，也是我国最大的内陆淡水湖。位于新疆巴州博湖县境内。湖泊形状近似三角形，水域辽阔，水面面积986平方千米，容积96.29亿立方米。博斯腾湖风光瑰丽，集大漠与水乡景色于一体，素有"西塞明珠"之美称。

第三章　中国湖泊

阿牙克库木湖

阿牙克库木湖是我国第八大淡水湖,位于新疆巴州若羌县祁曼塔格乡境内。水面面积807平方千米,集水面积约24 278平方千米。湖泊东侧的依协克帕提河入湖口区发育有200余平方千米的沼泽盐滩。湖泊处于我国最大的自然保护区——阿尔金山自然保护区内,动物资源较为丰富。

第三章 中国湖泊

阿牙克库木湖

巢湖

巢湖是我国第九大淡水湖，位于长江下游左岸，安徽省中部，其基本形状如鸟巢状，故得名巢湖。水面面积774平方千米，容积55.14亿立方米。水源主要来自于大别山区东麓和浮槎山区东南麓的地面径流。湖面大体以中庙－姥山岛－庙嘴子一线为界，划分为东、西两个半湖。

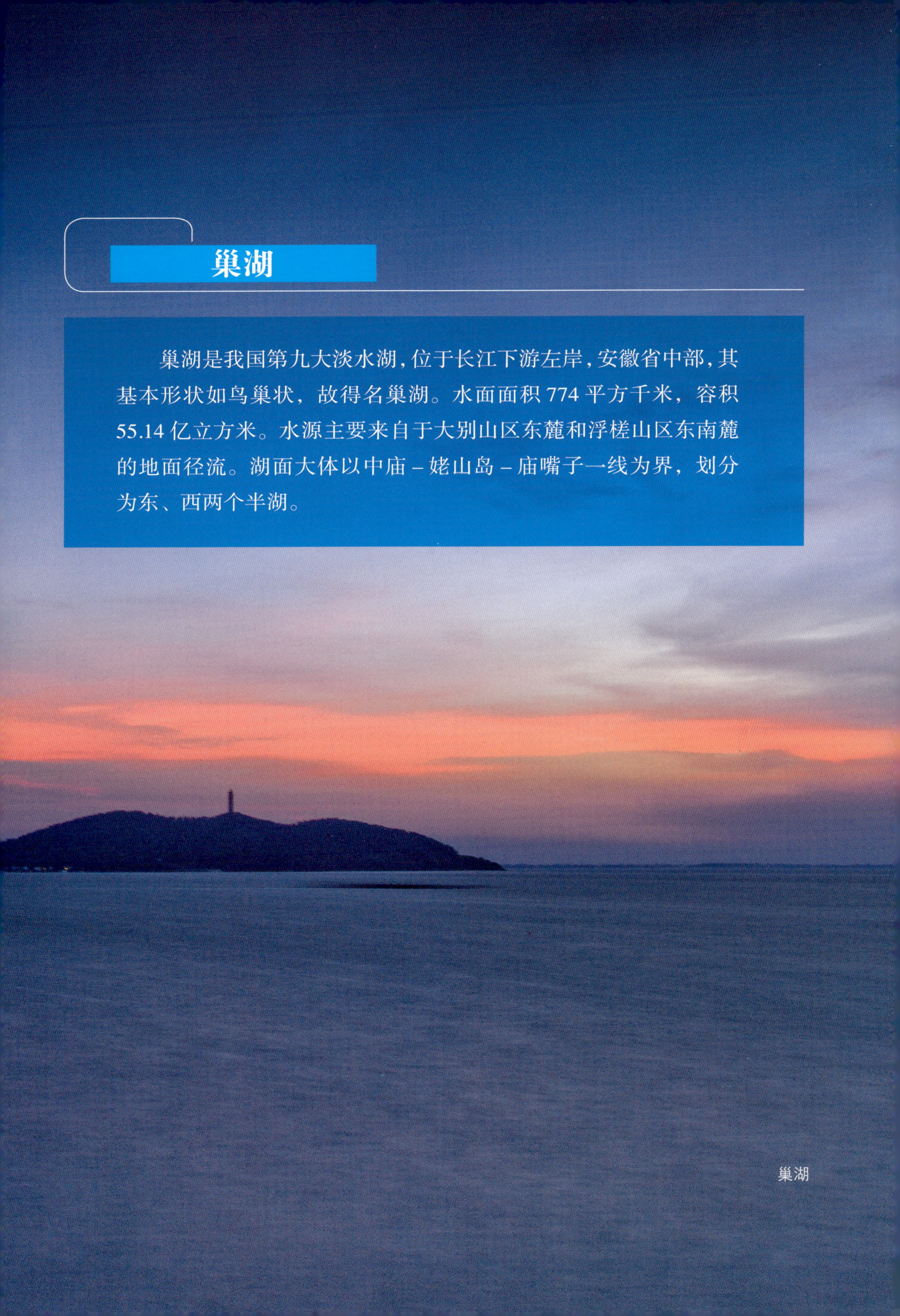

巢湖

鄂陵湖

鄂陵湖是我国第十大淡水湖，我国海拔最高的淡水湖，黄河流域最大的淡水湖。湖区位于巴颜喀拉山北、布青山南的黄河上游宽谷中，水面海拔4 269米，水面面积644平方千米，集水面积18 794平方千米，容积107.6亿立方米。

第三章　中国湖泊

鄂陵湖

123

2 中国十大咸水湖

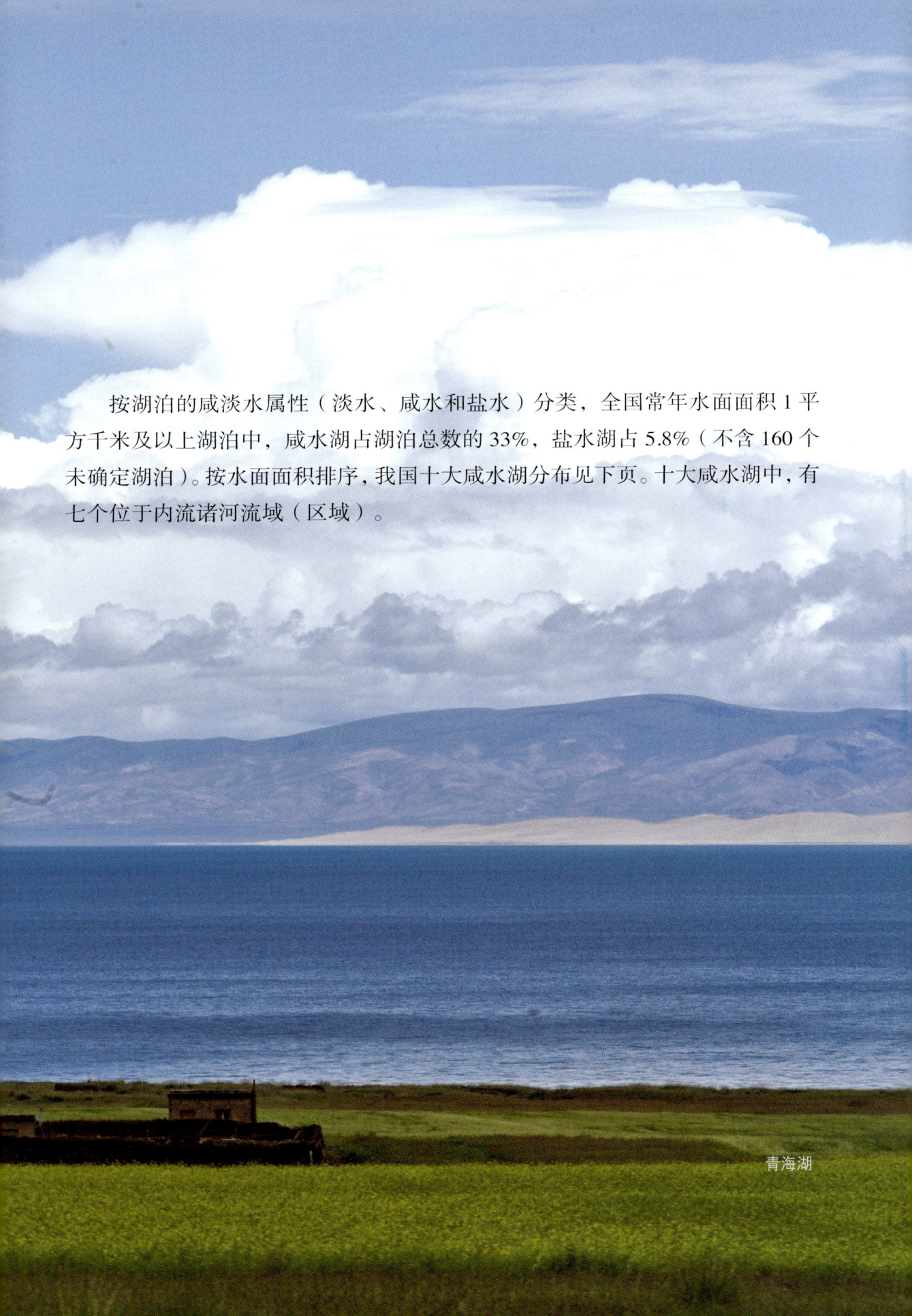

　　按湖泊的咸淡水属性（淡水、咸水和盐水）分类，全国常年水面面积 1 平方千米及以上湖泊中，咸水湖占湖泊总数的 33%，盐水湖占 5.8%（不含 160 个未确定湖泊）。按水面面积排序，我国十大咸水湖分布见下页。十大咸水湖中，有七个位于内流诸河流域（区域）。

青海湖

中国江河湖泊

青海湖

青海湖是我国最大的咸水湖,也是我国最大的内陆湖泊。位于青藏高原东北部、青海省东部,青海省亦因青海湖而得名。湖水位 3 192.77 米,水面面积为 4 233 平方千米,集水面积 29 658 平方千米,容积 785 亿立方米。湖水主要依赖地表径流和湖面降水补给,入湖河流 40 余条。

青海湖

第三章 中国湖泊

青海湖鸟岛

色林错

　　色林错是我国第二大咸水湖，西藏第一大湖。位于冈底斯山北麓班戈县和申扎县境内。湖面海拔 4 530 米，水面面积 2 209 平方千米，流域总面积 46 108 平方千米。主要入湖河流有扎加藏布、扎根藏布、波曲藏布等。色林错流域是藏北重要的牧业基地之一，也是保护黑颈鹤及繁殖区生态系统的申扎湿地自然保护区所在地。

纳木错

纳木错是我国第三大咸水湖,也是世界上海拔最高的咸水湖。位于西藏拉萨以北的当雄县和那曲地区班戈县之间,湖面海拔4 718米。湖的形状近似长方形,湖水最大深度97.5米,水面面积2 018平方千米,容积1 090亿立方米。流域面积10 759平方千米,主要水源为降水和冈底斯山、念青唐古拉山的冰雪融水。纳木错与羊卓雍措、玛旁雍措并称为西藏三大圣湖。

第三章　中国湖泊

纳木错

中国江河湖泊

呼伦湖

　　呼伦湖是我国第四大咸水湖，内蒙古第一大湖，位于内蒙古自治区呼伦贝尔市新巴尔虎右旗、新巴尔虎左旗境内。地处呼伦贝尔草原西端，湖长93千米，最宽处41千米，平均宽度32千米，平均水深5.7米，最深处10米左右，水面面积1 847平方千米（包括新开湖），水域和湿地总面积为3 253平方千米。

呼伦湖湿地

第三章　中国湖泊

呼伦湖

扎日南木错

扎日南木错是我国第五大咸水湖,西藏第三大湖。位于西藏藏北措勤县境内。湖面海拔4 613米,湖泊平均宽度约18千米,平均水深3.6米,最大水深5.6米,水面面积998平方千米。流域面积21 413平方千米,入湖河流主要有措勤藏布、达龙藏布两条,是藏北良好的牧场之一。

第三章 中国湖泊

扎日南木错

当惹雍措

第三章　中国湖泊

当惹雍措

　　当惹雍措是我国第六大咸水湖，位于冈底斯山中段北麓，西藏那曲地区申扎县境内，万里羌塘的西部，是世界著名的"无人区"。湖面海拔4 600多米，长70千米，宽15～20千米，水面面积843平方千米。湖水主要靠冰雪融水补给，属硫酸盐型咸水湖。当惹雍措是西藏原始本教崇拜的最大圣湖。

中国江河湖泊

乌伦古湖

乌伦古湖是我国第七大咸水湖，位于准噶尔盆地北部、新疆阿勒泰地区福海县境内。水面面积836平方千米，湖水储量约60亿立方米。由吉力湖（小海子）和布伦托海（大海子）两个水域组成。发源于阿尔泰山的乌伦古河为该湖主要水源。乌伦古湖素以"戈壁大海"和鲜美的"福海鱼"著称。

第三章 中国湖泊

乌伦古湖

中国江河湖泊

羊卓雍措

羊卓雍措是我国第八大咸水湖,是雅鲁藏布江南岸、喜马拉雅山北麓最大的内陆湖泊。位于西藏拉萨市西南70多千米的山南地区浪卡子县。湖面海拔4 441米,最大水深为59米,水面面积614平方千米,流域面积7 812平方千米,容积155亿立方米。建有西藏最大的水电站——羊湖电站,是少数得到开发的内陆湖泊之一。

秋季的羊卓雍措

第三章 中国湖泊

夏季的羊卓雍措

中国江河湖泊

哈拉湖

哈拉湖

　　哈拉湖是我国第九大咸水湖，青海省第二大咸水湖。位于青海省海西蒙古族藏族自治州德令哈市东北与天峻县交界处。湖面近似椭圆形，湖面海拔4 077米，最大水深65米，平均水深27.4米，面积604平方千米。入湖河流20余条，总径流量3.2亿立方米。哈拉湖湿地被认为是我国北方保留最完整、最原始的一块湿地，被列入中国重要湿地名录。

第三章 中国湖泊

哈拉湖湿地

乌兰乌拉湖

乌兰乌拉湖

第三章 中国湖泊

　　乌兰乌拉湖是我国第十大咸水湖，可可西里地区著名大湖，地处青藏高原腹地。湖面海拔4 854米，水面面积577平方千米，流域面积5 984平方千米。湖泊岸线曲折多弯，岸线周长295千米。镇湖岭为该湖最大的半岛，自东而西呈蘑菇状伸入湖中，并将该湖分为南、北、东三个湖区，彼此之间仅以狭窄的水道相互连通。

3 其他著名湖泊

西藏日土县湿地

艾丁湖

艾丁湖是我国海拔最低的湖泊，由新疆吐鲁番盆地中央一个大型盐湖及邻近的微咸到咸水沼泽组成。湖面海拔 –154 米，为仅次于约旦死海的世界第二低地。湖盆东西长约 40 千米，南北宽约 8 千米，水面面积 9.14 平方千米，湖区面积约 180 平方千米，河川总径流量约 9 亿立方米。由于湖水不断蒸发，大部分湖面已变为深厚的盐层。

第三章 中国湖泊

艾丁湖

中国江河湖泊

察尔汗盐湖

第三章　中国湖泊

察尔汗盐湖

　　察尔汗盐湖是我国最大的固相、液相并存的盐湖，是我国最大的天然盐湖，也是世界上著名的内陆盐湖之一。位于柴达木盆地中部，地跨青海省海西州格尔木市和都兰县，总面积5 856平方千米。东西长约200千米，南北宽20～40千米，是一个巨大的狭长湖盆，由达布逊湖、北霍鲁逊湖、南霍鲁逊湖、涩聂湖等10个盐湖组成。察尔汗盐湖蕴藏着丰富的无机盐，总储量达20多亿吨，是我国矿业基地之一，青藏铁路和青藏公路从盐盖上穿行而过。

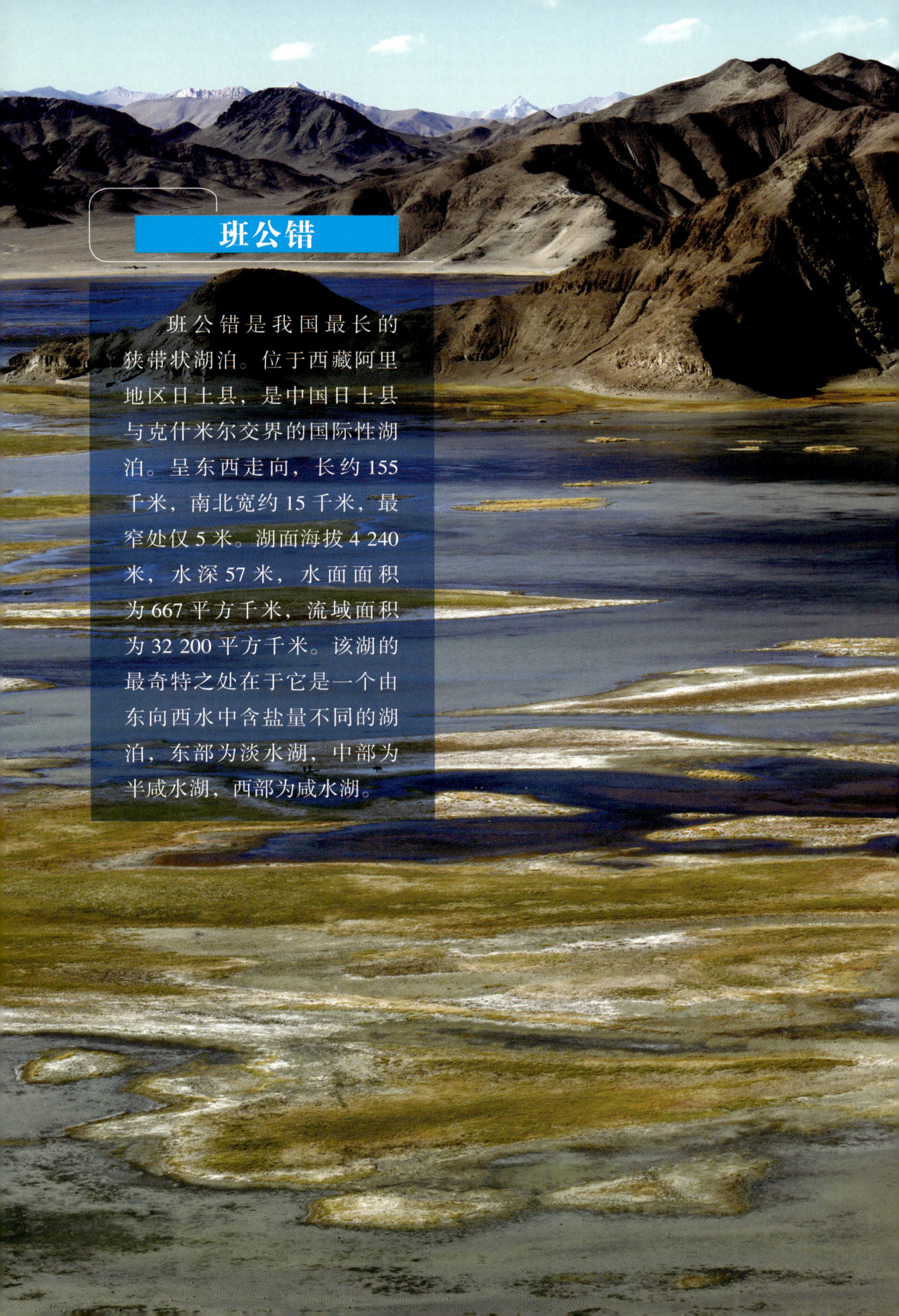

班公错

班公错是我国最长的狭带状湖泊。位于西藏阿里地区日土县，是中国日土县与克什米尔交界的国际性湖泊。呈东西走向，长约155千米，南北宽约15千米，最窄处仅5米。湖面海拔4 240米，水深57米，水面面积为667平方千米，流域面积为32 200平方千米。该湖的最奇特之处在于它是一个由东向西水中含盐量不同的湖泊，东部为淡水湖，中部为半咸水湖，西部为咸水湖。

班公错

中国江河湖泊

错高湖

错高湖是我国最大的冰川湖，位于藏南工布江达县，由扎拉弄布和钟错弄巴两条古冰川形成。海拔3 460米，长13千米，宽2千米，深60米，面积达27.4平方千米。青藏高原上的冰川湖主要分布在念青唐古拉山和喜马拉雅山区，但多数是有出口的小湖。

第三章 中国湖泊

错高湖

滇池

　　滇池又名昆明湖,是金沙江支流普渡河上游的湖泊。位于昆明市城区西南部,是长江上游最大的淡水湖,水面面积299平方千米,集水面积2 885平方千米,容积15.6亿立方米。滇池位于海拔1 800多米的高原上,素有"高原明珠"之美称。

第三章 中国湖泊

滇池

中国江河湖泊

长白山天池

　　长白山天池是我国最高、最深的火山口湖泊，坐落在吉林省东南部，是中国和朝鲜的界湖，也是松花江、图们江、鸭绿江三江之源。湖面海拔2 189米，平均水深204米，湖水最深处373米，面积9.68平方千米，集水面积21.4平方千米，总蓄水量约20.40亿立方米。从天池倾泻而下的长白飞瀑，是世界上落差最大的火山湖瀑布。

第三章　中国湖泊

长白山天池

中国江河湖泊

第三章 中国湖泊

镜泊湖

镜泊湖

镜泊湖是我国最大、世界第二大高山堰塞湖,由火山熔岩喷发堆积堵塞牡丹江古河道形成,位于黑龙江省宁安市西南部。湖面平均海拔355米,南北长45千米,东西最宽处6千米,最窄处300米,平均水深40米,最深处70米,湖面面积81.8平方千米,库容量16.25亿立方米,森林覆盖率达68%以上。

中国江河湖泊

日月潭

　　日月潭是台湾唯一的天然湖，位于台湾省南投县。湖面海拔 748 米，平均水深 30 米，湖周长约 35 千米，常态面积 7.93 平方千米，由玉山和阿里山之间的断裂盆地积水而成。日月潭四周群山环抱，潭水清澈见底，能见度达 10 米以上，风景非常优美。日月潭中有一座小岛，远望好像浮在水面上的一颗珠子，名拉鲁岛，以此岛为界，北半湖形状如圆日，南半湖形状如弯月，日月潭因此而得名。

日月潭

杭州西湖

杭州西湖又名西子湖，因秀丽的湖光山色和众多的名胜古迹而闻名中外。西湖凭借着上千年历史积淀所孕育出的独特江南风韵和大量杰出的文化景观而入选世界文化遗产，也是我国唯一一处湖泊类文化遗产。

西湖

第三章　中国湖泊

中国江河湖泊

浙江淳安县千岛湖

第三章 中国湖泊

千岛湖

千岛湖位于浙江省淳安县境内（部分位于安徽歙县），是世界上岛屿最多的湖，也是国家一级水体，在我国大江大湖中位居优质水源之首。千岛湖景区总面积982平方千米，其中湖区面积573平方千米，因湖内拥有1 078个星罗棋布的岛屿而得名。

中国江河湖泊

温州瓯海泽雅湖

第三章　中国湖泊

浙江丽水安仁镇

新疆赛里木湖

江苏省高邮湖湿地

摄 影

（按姓氏笔画排序）

马　克	王孔生	王永利	王延荣	邓英强	田　军
刘一棨	刘柏良	华增龙	师国敬	朱民乐	许　季
吴剑波	宋振友	张文忠	张伟革	张有钢	张　越
李成宏	李霁城	辛　奇	陈伟标	陈　楠	罗景月
郝　捷	徐　志	徐炳书	翁　强	袁　鹏	郭振毅
常健儒	黄　平	税晓洁	童　迪	董保华	蒋　永
鲁　琼	缪宜江